GUEST BOOK TO CELEBRATE:

_____

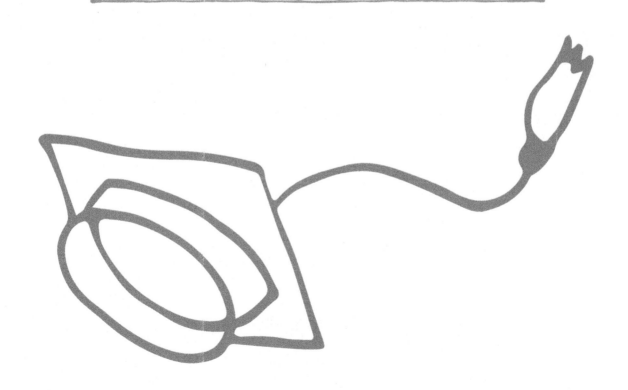

ADVICE AND WISHES FOR THE GRADUATE

Be prepared to..

....

Always keep...

....

Focus on..

never..

Always remember..

....

Be open to..

Surround yourself with...

I wish you..

....

(one last thing)..

BEST WISHES ....

ADVICE AND WISHES FOR THE GRADUATE

Be prepared to………………………………………………………………………………
………………………………………………………………………………………………

Always keep………………………………………………………………………………
………………………………………………………………………………………………

Focus on……………………………………………………………………………………

never………………………………………………………………………………………

Always remember…………………………………………………………………………
………………………………………………………………………………………………

Be open to…………………………………………………………………………………

Surround yourself with……………………………………………………………………

I wish you…………………………………………………………………………………
………………………………………………………………………………………………

(one last thing)……………………………………………………………………………

BEST WISHES ………………………………………………………

ADVICE AND WISHES FOR THE GRADUATE

Be prepared to……………………………………………………………………………………

………………………………………………………………………………………………………

Always keep……………………………………………………………………………………

………………………………………………………………………………………………………

Focus on………………………………………………………………………………………………

never………………………………………………………………………………………………

Always remember……………………………………………………………………………

………………………………………………………………………………………………………

Be open to………………………………………………………………………………………

Surround yourself with………………………………………………………………………

I wish you…………………………………………………………………………………………

………………………………………………………………………………………………………

(one last thing)………………………………………………………………………………

BEST WISHES ∘∘∘∘∘∘∘∘∘∘∘∘∘∘∘∘∘∘∘∘∘∘∘∘∘∘∘∘∘∘∘∘∘∘∘∘∘∘∘

ADVICE AND WISHES FOR THE GRADUATE

Be prepared to..
....
Always keep..
....
Focus on...
never..
Always remember...
....
Be open to..
Surround yourself with...
I wish you...
....
(one last thing)..

BEST WISHES ....

ADVICE AND WISHES FOR THE GRADUATE

Be prepared to..
....
Always keep...
....
Focus on..
never...
Always remember..
....
Be open to...
Surround yourself with..
I wish you..
....
(one last thing)..

BEST WISHES ....

ADVICE AND WISHES FOR THE GRADUATE

Be prepared to..
....

Always keep..
....

Focus on...

never..

Always remember..
....

Be open to..

Surround yourself with..

I wish you...
....

(one last thing)...

BEST WISHES ....

ADVICE AND WISHES FOR THE GRADUATE

Be prepared to..
....
Always keep...
....
Focus on..
never...
Always remember...
....
Be open to..
Surround yourself with..
I wish you..
....
(one last thing)..

BEST WISHES ∘∘∘∘∘∘∘∘∘∘∘∘∘∘∘∘∘∘∘∘∘∘∘∘∘∘∘∘∘∘∘∘∘∘∘∘∘

ADVICE AND WISHES FOR THE GRADUATE

Be prepared to..
....
Always keep...
....
Focus on..
never..
Always remember..
....
Be open to...
Surround yourself with..
I wish you..
....
(one last thing)...

BEST WISHES ....

ADVICE AND WISHES FOR THE GRADUATE

Be prepared to………………………………………………………………………………………
………………………………………………………………………………………………………

Always keep………………………………………………………………………………………
………………………………………………………………………………………………………

Focus on……………………………………………………………………………………………

Never…………………………………………………………………………………………………

Always remember…………………………………………………………………………………
………………………………………………………………………………………………………

Be open to……………………………………………………………………………………………

Surround yourself with……………………………………………………………………………

I wish you……………………………………………………………………………………………
………………………………………………………………………………………………………

(one last thing)……………………………………………………………………………………

BEST WISHES ○○○○○○○○○○○○○○○○○○○○○○○○○○○○○○○○○○○

ADVICE AND WISHES FOR THE GRADUATE

Be prepared to..

....

Always keep..

....

Focus on...

never..

Always remember...

....

Be open to..

Surround yourself with...

I wish you...

....

(one last thing)...

BEST WISHES ∘∘

ADVICE AND WISHES FOR THE GRADUATE

Be prepared to………………………………………………………………………………………
………………………………………………………………………………………………………

Always keep………………………………………………………………………………………
………………………………………………………………………………………………………

Focus on………………………………………………………………………………………………

never………………………………………………………………………………………………

Always remember………………………………………………………………………………………
………………………………………………………………………………………………………

Be open to………………………………………………………………………………………………

Surround yourself with………………………………………………………………………………

I wish you………………………………………………………………………………………………
………………………………………………………………………………………………………

(one last thing)………………………………………………………………………………………

BEST WISHES ∘∘∘∘∘∘∘∘∘∘∘∘∘∘∘∘∘∘∘∘∘∘∘∘∘∘∘∘∘∘∘∘∘∘∘

ADVICE AND WISHES FOR THE GRADUATE

Be prepared to..

....

Always keep..

....

Focus on..

Never..

Always remember..

....

Be open to..

Surround yourself with..

I wish you..

....

(one last thing)..

BEST WISHES ....

ADVICE AND WISHES FOR THE GRADUATE

Be prepared to..

....

Always keep..

....

Focus on...

never..

Always remember..

....

Be open to...

Surround yourself with..

I wish you...

....

(one last thing)..

BEST WISHES ....

ADVICE AND WISHES FOR THE GRADUATE

Be prepared to………………………………………………………………………………
……………………………………………………………………………………………………
Always keep………………………………………………………………………………………
……………………………………………………………………………………………………
Focus on………………………………………………………………………………………
Never………………………………………………………………………………………………
Always remember……………………………………………………………………………
……………………………………………………………………………………………………
Be open to………………………………………………………………………………………
Surround yourself with……………………………………………………………………
I wish you………………………………………………………………………………………
……………………………………………………………………………………………………
(one last thing)………………………………………………………………………………

BEST WISHES ○○○○○○○○○○○○○○○○○○○○○○○○○○○○○○○○○

ADVICE AND WISHES FOR THE GRADUATE

Be prepared to..

....

Always keep...

....

Focus on..

never...

Always remember..

....

Be open to...

Surround yourself with..

I wish you..

....

(one last thing)..

BEST WISHES ....

ADVICE AND WISHES FOR THE GRADUATE

Be prepared to...
....
Always keep...
....
Focus on..
never...
Always remember...
....
Be open to..
Surround yourself with..
I wish you..
....
(one last thing)..

BEST WISHES ....

ADVICE AND WISHES FOR THE GRADUATE

Be prepared to..
....
Always keep...
....
Focus on..
never...
Always remember..
....
Be open to..
Surround yourself with..
I wish you...
....
(one last thing)...

BEST WISHES ....

ADVICE AND WISHES FOR THE GRADUATE

Be prepared to...
....

Always keep..
....

Focus on..

never..

Always remember..
....

Be open to..

Surround yourself with..

I wish you..
....

(one last thing)..

BEST WISHES ....

ADVICE AND WISHES FOR THE GRADUATE

Be prepared to……………………………………………………………………………………………
………
Always keep……………………………………………………………………………………………….
………
Focus on……………………………………………………………………………………………………
never………………………………………………………………………………………………………..
Always remember………………………………………………………………………………………..
………
Be open to…………………………………………………………………………………………………
Surround yourself with…………………………………………………………………………………
I wish you…………………………………………………………………………………………………..
………
(one last thing)……………………………………………………………………………………………

BEST WISHES ∘∘∘∘∘∘∘∘∘∘∘∘∘∘∘∘∘∘∘∘∘∘∘∘∘∘∘∘∘∘∘∘∘∘∘∘

ADVICE AND WISHES FOR THE GRADUATE

Be prepared to..
....
Always keep...
....
Focus on..
never...
Always remember...
....
Be open to..
Surround yourself with..
I wish you..
....
(one last thing)..

BEST WISHES ....

ADVICE AND WISHES FOR THE GRADUATE

Be prepared to……………………………………………………………………………

……………………………………………………………………………………………

Always keep…………………………………………………………………………………

……………………………………………………………………………………………

Focus on……………………………………………………………………………………

never………………………………………………………………………………………

Always remember……………………………………………………………………………

……………………………………………………………………………………………

Be open to…………………………………………………………………………………

Surround yourself with………………………………………………………………………

I wish you…………………………………………………………………………………

……………………………………………………………………………………………

(one last thing)……………………………………………………………………………

BEST WISHES ……………………………………………

ADVICE AND WISHES FOR THE GRADUATE

Be prepared to………………………………………………………………………………………
………………………………………………………………………………………………………

Always keep………………………………………………………………………………………
………………………………………………………………………………………………………

Focus on……………………………………………………………………………………………
never…………………………………………………………………………………………………
Always remember……………………………………………………………………………………
………………………………………………………………………………………………………

Be open to…………………………………………………………………………………………
Surround yourself with……………………………………………………………………………
I wish you…………………………………………………………………………………………
………………………………………………………………………………………………………
(one last thing)……………………………………………………………………………………

BEST WISHES ……………………………………………………………

ADVICE AND WISHES FOR THE GRADUATE

Be prepared to..

....

Always keep..

....

Focus on..

never...

Always remember..

....

Be open to...

Surround yourself with...

I wish you...

....

(one last thing)...

BEST WISHES ....

ADVICE AND WISHES FOR THE GRADUATE

Be prepared to..
....
Always keep..
....
Focus on...
Never..
Always remember..
....
Be open to...
Surround yourself with...
I wish you...
....
(one last thing)...

BEST WISHES ....

ADVICE AND WISHES FOR THE GRADUATE

Be prepared to……………………………………………………………………………………

……………………………………………………………………………………………………

Always keep…………………………………………………………………………………………

……………………………………………………………………………………………………

Focus on………………………………………………………………………………………………

Never………………………………………………………………………………………………

Always remember…………………………………………………………………………………

……………………………………………………………………………………………………

Be open to……………………………………………………………………………………………

Surround yourself with……………………………………………………………………………

I wish you……………………………………………………………………………………………

……………………………………………………………………………………………………

(One last thing)……………………………………………………………………………………

BEST WISHES ……………………………………………………

ADVICE AND WISHES FOR THE GRADUATE

Be prepared to..
....

Always keep..
....

Focus on...

never...

Always remember..
....

Be open to...

Surround yourself with...

I wish you..
....

(one last thing)..

BEST WISHES ....

ADVICE AND WISHES FOR THE GRADUATE

Be prepared to..
....
Always keep..
....
Focus on...
never..
Always remember..
....
Be open to...
Surround yourself with...
I wish you...
....
(one last thing)...

BEST WISHES ooooooooooooooooooooooooooooooooooo

ADVICE AND WISHES FOR THE GRADUATE

Be prepared to………………………………………………………………………

………………………………………………………………………………………

Always keep………………………………………………………………………….

………………………………………………………………………………………

Focus on……………………………………………………………………………..

never………………………………………………………………………………….

Always remember……………………………………………………………………

………………………………………………………………………………………

Be open to……………………………………………………………………………

Surround yourself with………………………………………………………………

I wish you……………………………………………………………………………

………………………………………………………………………………………

(one last thing)………………………………………………………………………

BEST WISHES ………………………………………………

ADVICE AND WISHES FOR THE GRADUATE

Be prepared to………………………………………………………………………………
……………………………………………………………………………………………………
Always keep………………………………………………………………………………………
……………………………………………………………………………………………………
Focus on……………………………………………………………………………………………
never………………………………………………………………………………………………
Always remember……………………………………………………………………………
……………………………………………………………………………………………………
Be open to…………………………………………………………………………………………
Surround yourself with………………………………………………………………………
I wish you…………………………………………………………………………………………
……………………………………………………………………………………………………
(one last thing)…………………………………………………………………………………

BEST WISHES ∘∘∘∘∘∘∘∘∘∘∘∘∘∘∘∘∘∘∘∘∘∘∘∘∘∘∘∘∘∘∘∘∘∘∘∘∘∘∘

ADVICE AND WISHES FOR THE GRADUATE

Be prepared to..
....
Always keep..
....
Focus on...
never..
Always remember...
....
Be open to...
Surround yourself with..
I wish you...
....
(one last thing)..

BEST WISHES ....

ADVICE AND WISHES FOR THE GRADUATE

Be prepared to..

....

Always keep...

....

Focus on..

never...

Always remember...

....

Be open to..

Surround yourself with..

I wish you..

....

(one last thing)..

BEST WISHES ooooooooooooooooooooooooooooooooooooo

Advice and Wishes for the Graduate

Be prepared to………………………………………………………………………
……………………………………………………………………………………
Always keep………………………………………………………………………
……………………………………………………………………………………
Focus on……………………………………………………………………………
never…………………………………………………………………………………
Always remember……………………………………………………………………
……………………………………………………………………………………
Be open to…………………………………………………………………………
Surround yourself with……………………………………………………………
I wish you…………………………………………………………………………
……………………………………………………………………………………
(one last thing)……………………………………………………………………

BEST WISHES ……………………………………………………

ADVICE AND WISHES FOR THE GRADUATE

Be prepared to..
....
Always keep...
....
Focus on...
never...
Always remember..
....
Be open to...
Surround yourself with..
I wish you...
....
(one last thing)..

BEST WISHES ....

ADVICE AND WISHES FOR THE GRADUATE

Be prepared to..
....

Always keep...
....

Focus on..

never..

Always remember..
....

Be open to..

Surround yourself with...

I wish you..
....

(one last thing)..

BEST WISHES ∘∘∘

ADVICE AND WISHES FOR THE GRADUATE

Be prepared to………………………………………………………………………
………………………………………………………………………………………

Always keep…………………………………………………………………………
………………………………………………………………………………………

Focus on………………………………………………………………………………
never…………………………………………………………………………………
Always remember……………………………………………………………………
………………………………………………………………………………………

Be open to……………………………………………………………………………
Surround yourself with………………………………………………………………
I wish you……………………………………………………………………………
………………………………………………………………………………………
(one last thing)………………………………………………………………………

BEST WISHES ……………………………………………

ADVICE AND WISHES FOR THE GRADUATE

Be prepared to………………………………………………………………………………

……………………………………………………………………………………………………

Always keep…………………………………………………………………………………

……………………………………………………………………………………………………

Focus on………………………………………………………………………………………

Never……………………………………………………………………………………………

Always remember…………………………………………………………………………

……………………………………………………………………………………………………

Be open to……………………………………………………………………………………

Surround yourself with…………………………………………………………………

I wish you……………………………………………………………………………………

……………………………………………………………………………………………………

(One last thing)……………………………………………………………………………

BEST WISHES ……………………………………………………………………

ADVICE AND WISHES FOR THE GRADUATE

Be prepared to..
....
Always keep...
....
Focus on...
never..
Always remember..
....
Be open to..
Surround yourself with...
I wish you...
....
(one last thing)..

BEST WISHES ○○○○○○○○○○○○○○○○○○○○○○○○○○○○○○○○○

ADVICE AND WISHES FOR THE GRADUATE

Be prepared to……………………………………………………………………………
………………………………………………………………………………………………

Always keep……………………………………………………………………………………
………………………………………………………………………………………………

Focus on…………………………………………………………………………………………

never……………………………………………………………………………………………

Always remember…………………………………………………………………………………
………………………………………………………………………………………………

Be open to………………………………………………………………………………………

Surround yourself with……………………………………………………………………

I wish you………………………………………………………………………………………
………………………………………………………………………………………………

(one last thing)……………………………………………………………………………

BEST WISHES ○○○○○○○○○○○○○○○○○○○○○○○○○○○○○○○○○○○

ADVICE AND WISHES FOR THE GRADUATE

Be prepared to..

....

Always keep..

....

Focus on...

never...

Always remember...

....

Be open to..

Surround yourself with..

I wish you...

....

(one last thing)..

BEST WISHES ∘∘∘∘∘∘∘∘∘∘∘∘∘∘∘∘∘∘∘∘∘∘∘∘∘∘∘∘∘∘∘∘∘∘∘∘∘

ADVICE AND WISHES FOR THE GRADUATE

Be prepared to………………………………………………………………………………

………………………………………………………………………………………………

Always keep………………………………………………………………………………

………………………………………………………………………………………………

Focus on……………………………………………………………………………………

never………………………………………………………………………………………

Always remember…………………………………………………………………………

………………………………………………………………………………………………

Be open to…………………………………………………………………………………

Surround yourself with……………………………………………………………………

I wish you…………………………………………………………………………………

………………………………………………………………………………………………

(one last thing)……………………………………………………………………………

BEST WISHES ………………………………………………………

ADVICE AND WISHES FOR THE GRADUATE

Be prepared to..
....
Always keep..
....
Focus on...
Never...
Always remember...
....
Be open to..
Surround yourself with..
I wish you...
....
(one last thing)..

BEST WISHES ....

Advice and Wishes for the Graduate

Be prepared to..
....

Always keep..
....

Focus on..
never..
Always remember..
....

Be open to...
Surround yourself with...
I wish you..
....
(one last thing)...

BEST WISHES ....

ADVICE AND WISHES FOR THE GRADUATE

Be prepared to..

....

Always keep...

....

Focus on..

never...

Always remember...

....

Be open to...

Surround yourself with..

I wish you..

....

(one last thing)...

BEST WISHES ooooooooooooooooooooooooooooooooo

ADVICE AND WISHES FOR THE GRADUATE

Be prepared to..

....

Always keep..

....

Focus on..

never..

Always remember..

....

Be open to..

Surround yourself with..

I wish you..

....

(one last thing)..

BEST WISHES ....

ADVICE AND WISHES FOR THE GRADUATE

Be prepared to..
....
Always keep..
....
Focus on...
Never..
Always remember..
....
Be open to..
Surround yourself with..
I wish you..
....
(one last thing)..

BEST WISHES ....

ADVICE AND WISHES FOR THE GRADUATE

Be prepared to……………………………………………………………………………………
………………………………………………………………………………………………………

Always keep……………………………………………………………………………………….
………………………………………………………………………………………………………

Focus on………………………………………………………………………………………….

never…………………………………………………………………………………………………

Always remember……………………………………………………………………………….
………………………………………………………………………………………………………

Be open to………………………………………………………………………………………….

Surround yourself with……………………………………………………………………….

I wish you……………………………………………………………………………………………
………………………………………………………………………………………………………

(one last thing)………………………………………………………………………………….

BEST WISHES ∘∘∘∘∘∘∘∘∘∘∘∘∘∘∘∘∘∘∘∘∘∘∘∘∘∘∘∘∘∘∘∘∘∘∘∘∘∘∘

ADVICE AND WISHES FOR THE GRADUATE

Be prepared to..
....

Always keep..
....

Focus on...

Never..

Always remember..
....

Be open to..

Surround yourself with..

I wish you...
....

(one last thing)...

BEST WISHES ....

ADVICE AND WISHES FOR THE GRADUATE

Be prepared to..

....

Always keep...

....

Focus on..

Never..

Always remember..

....

Be open to..

Surround yourself with..

I wish you..

....

(one last thing)..

BEST WISHES ○○○○○○○○○○○○○○○○○○○○○○○○○○○○○○

ADVICE AND WISHES FOR THE GRADUATE

Be prepared to..
....

Always keep..
....

Focus on..

never..

Always remember..
....

Be open to...

Surround yourself with..

I wish you..
....

(one last thing)..

BEST WISHES ....

ADVICE AND WISHES FOR THE GRADUATE

Be prepared to………………………………………………………………………………………………

……

Always keep………………………………………………………………………………………………

……

Focus on……………………………………………………………………………………………………

Never……

Always remember……………………………………………………………………………………

……

Be open to…………………………………………………………………………………………………

Surround yourself with…………………………………………………………………………

I wish you……………………………………………………………………………………………………

……

(one last thing)………………………………………………………………………………………

BEST WISHES ∘∘∘∘∘∘∘∘∘∘∘∘∘∘∘∘∘∘∘∘∘∘∘∘∘∘∘∘∘∘∘∘∘∘∘

ADVICE AND WISHES FOR THE GRADUATE

Be prepared to..
....
Always keep..
....
Focus on...
Never...
Always remember..
....
Be open to..
Surround yourself with..
I wish you...
....
(One last thing)...

BEST WISHES ○○○○○○○○○○○○○○○○○○○○○○○○○○○

ADVICE AND WISHES FOR THE GRADUATE

Be prepared to……………………………………………………………………………
………………………………………………………………………………………………
Always keep……………………………………………………………………………..
………………………………………………………………………………………………
Focus on………………………………………………………………………………….
Never…………………………………………………………………………………….
Always remember………………………………………………………………………..
………………………………………………………………………………………………
Be open to………………………………………………………………………………..
Surround yourself with…………………………………………………………………..
I wish you………………………………………………………………………………..
………………………………………………………………………………………………
(One last thing)…………………………………………………………………………..

BEST WISHES ∘∘∘∘∘∘∘∘∘∘∘∘∘∘∘∘∘∘∘∘∘∘∘∘∘∘∘∘∘∘∘∘∘∘∘

ADVICE AND WISHES FOR THE GRADUATE

Be prepared to...
....
Always keep...
....
Focus on..
never...
Always remember..
....
Be open to...
Surround yourself with..
I wish you..
....
(one last thing)...

BEST WISHES ....

Advice and Wishes for the Graduate

Be prepared to..

....

Always keep..

....

Focus on..

never...

Always remember...

....

Be open to..

Surround yourself with...

I wish you..

....

(one last thing)...

Best Wishes ....

ADVICE AND WISHES FOR THE GRADUATE

Be prepared to………………………………………………………………………………
………………………………………………………………………………………………

Always keep………………………………………………………………………………
………………………………………………………………………………………………

Focus on……………………………………………………………………………………
never…………………………………………………………………………………………
Always remember…………………………………………………………………………
………………………………………………………………………………………………

Be open to…………………………………………………………………………………
Surround yourself with……………………………………………………………………
I wish you…………………………………………………………………………………
………………………………………………………………………………………………
(one last thing)……………………………………………………………………………

BEST WISHES ………………………………………………

ADVICE AND WISHES FOR THE GRADUATE

Be prepared to...

....

Always keep...

....

Focus on...

never..

Always remember...

....

Be open to..

Surround yourself with...

I wish you...

....

(one last thing)..

BEST WISHES ....

ADVICE AND WISHES FOR THE GRADUATE

Be prepared to……………………………………………………………………………

………………………………………………………………………………………………

Always keep……………………………………………………………………………………

………………………………………………………………………………………………

Focus on………………………………………………………………………………………

never…………………………………………………………………………………………

Always remember………………………………………………………………………………

………………………………………………………………………………………………

Be open to……………………………………………………………………………………

Surround yourself with…………………………………………………………………………

I wish you……………………………………………………………………………………

………………………………………………………………………………………………

(one last thing)………………………………………………………………………………

BEST WISHES ……………………………………………………………

ADVICE AND WISHES FOR THE GRADUATE

Be prepared to……………………………………………………………………………
…………………………………………………………………………………………
Always keep……………………………………………………………………………
…………………………………………………………………………………………
Focus on…………………………………………………………………………………
never………………………………………………………………………………………
Always remember…………………………………………………………………………
…………………………………………………………………………………………
Be open to………………………………………………………………………………
Surround yourself with……………………………………………………………………
I wish you………………………………………………………………………………
…………………………………………………………………………………………
(one last thing)…………………………………………………………………………

BEST WISHES ○○○○○○○○○○○○○○○○○○○○○○○○○○○○○○○○○○○○

ADVICE AND WISHES FOR THE GRADUATE

Be prepared to……………………………………………………………………………
……………………………………………………………………………………………
Always keep………………………………………………………………………………
……………………………………………………………………………………………
Focus on……………………………………………………………………………………
never………………………………………………………………………………………
Always remember…………………………………………………………………………
……………………………………………………………………………………………
Be open to…………………………………………………………………………………
Surround yourself with……………………………………………………………………
I wish you…………………………………………………………………………………
……………………………………………………………………………………………
(one last thing)……………………………………………………………………………

BEST WISHES ………………………………………………

ADVICE AND WISHES FOR THE GRADUATE

Be prepared to..
....

Always keep...
....

Focus on...

never..

Always remember..
....

Be open to..

Surround yourself with..

I wish you...
....

(one last thing)..

BEST WISHES ....

ADVICE AND WISHES FOR THE GRADUATE

Be prepared to..

....

Always keep..

....

Focus on..

never..

Always remember...

....

Be open to...

Surround yourself with...

I wish you..

....

(one last thing)..

BEST WISHES ....

ADVICE AND WISHES FOR THE GRADUATE

Be prepared to………………………………………………………………………………………………
……
Always keep……………………………………………………………………………………………………
……
Focus on……
never………
Always remember……………………………………………………………………………………………
……
Be open to………………………………………………………………………………………………………
Surround yourself with…………………………………………………………………………………
I wish you………………………………………………………………………………………………………
……
(one last thing)………………………………………………………………………………………………

BEST WISHES ∘∘∘∘∘∘∘∘∘∘∘∘∘∘∘∘∘∘∘∘∘∘∘∘∘∘∘∘∘∘∘∘∘∘∘∘∘∘∘

ADVICE AND WISHES FOR THE GRADUATE

Be prepared to...
....
Always keep..
....
Focus on...
Never...
Always remember..
....
Be open to...
Surround yourself with..
I wish you...
....
(One last thing)..

BEST WISHES ....

ADVICE AND WISHES FOR THE GRADUATE

Be prepared to..

....

Always keep..

....

Focus on...

never..

Always remember..

....

Be open to..

Surround yourself with...

I wish you...

....

(one last thing)..

BEST WISHES ....

ADVICE AND WISHES FOR THE GRADUATE

Be prepared to………………………………………………………………………………
……………………………………………………………………………………………

Always keep………………………………………………………………………………
……………………………………………………………………………………………

Focus on……………………………………………………………………………………

Never………………………………………………………………………………………

Always remember…………………………………………………………………………
……………………………………………………………………………………………

Be open to…………………………………………………………………………………

Surround yourself with……………………………………………………………………

I wish you…………………………………………………………………………………
……………………………………………………………………………………………

(One last thing)……………………………………………………………………………

BEST WISHES ∘∘∘∘∘∘∘∘∘∘∘∘∘∘∘∘∘∘∘∘∘∘∘∘∘∘∘∘∘∘∘∘∘∘∘∘∘

ADVICE AND WISHES FOR THE GRADUATE

Be prepared to…………………………………………………………………………………

………………………………………………………………………………………………

Always keep…………………………………………………………………………………

………………………………………………………………………………………………

Focus on……………………………………………………………………………………

never…………………………………………………………………………………………

Always remember……………………………………………………………………………

………………………………………………………………………………………………

Be open to……………………………………………………………………………………

Surround yourself with………………………………………………………………………

I wish you……………………………………………………………………………………

………………………………………………………………………………………………

(one last thing)………………………………………………………………………………

BEST WISHES ……………………………………………………………

ADVICE AND WISHES FOR THE GRADUATE

Be prepared to...
....

Always keep..
....

Focus on...
never..
Always remember..
....

Be open to...
Surround yourself with...
I wish you...
....
(one last thing)...

BEST WISHES ooooooooooooooooooooooooooooooooooooo

ADVICE AND WISHES FOR THE GRADUATE

Be prepared to..
....
Always keep..
....
Focus on..
never..
Always remember..
....
Be open to...
Surround yourself with...
I wish you...
....
(one last thing)...

BEST WISHES ....

ADVICE AND WISHES FOR THE GRADUATE

Be prepared to..

....

Always keep...

....

Focus on...

never...

Always remember...

....

Be open to...

Surround yourself with..

I wish you..

....

(one last thing)..

BEST WISHES ....

ADVICE AND WISHES FOR THE GRADUATE

Be prepared to..
....

Always keep...
....

Focus on...
never..
Always remember...
....

Be open to..
Surround yourself with...
I wish you..
....
(one last thing)...

BEST WISHES ....

ADVICE AND WISHES FOR THE GRADUATE

Be prepared to……………………………………………………………………………

……………………………………………………………………………………………

Always keep………………………………………………………………………………

……………………………………………………………………………………………

Focus on……………………………………………………………………………………

never………………………………………………………………………………………

Always remember…………………………………………………………………………

……………………………………………………………………………………………

Be open to…………………………………………………………………………………

Surround yourself with……………………………………………………………………

I wish you…………………………………………………………………………………

……………………………………………………………………………………………

(one last thing)……………………………………………………………………………

BEST WISHES ∞∞∞∞∞∞∞∞∞∞∞∞∞∞∞∞∞∞∞∞∞

ADVICE AND WISHES FOR THE GRADUATE

Be prepared to……………………………………………………………………………………

……………………………………………………………………………………………………

Always keep……………………………………………………………………………………

……………………………………………………………………………………………………

Focus on…………………………………………………………………………………………

never………………………………………………………………………………………………

Always remember………………………………………………………………………………

……………………………………………………………………………………………………

Be open to………………………………………………………………………………………

Surround yourself with…………………………………………………………………………

I wish you………………………………………………………………………………………

……………………………………………………………………………………………………

(one last thing)…………………………………………………………………………………

BEST WISHES ……………………………………………………

ADVICE AND WISHES FOR THE GRADUATE

Be prepared to..
....
Always keep..
....
Focus on...
Never..
Always remember..
....
Be open to...
Surround yourself with...
I wish you...
....
(One last thing)...

BEST WISHES ....

ADVICE AND WISHES FOR THE GRADUATE

Be prepared to..

....

Always keep..

....

Focus on..

never..

Always remember..

....

Be open to..

Surround yourself with..

I wish you..

....

(one last thing)..

BEST WISHES ○○○○○○○○○○○○○○○○○○○○○○○○○○○○○○○○

ADVICE AND WISHES FOR THE GRADUATE

Be prepared to..
....
Always keep..
....
Focus on..
Never...
Always remember...
....
Be open to..
Surround yourself with...
I wish you...
....
(one last thing)..

BEST WISHES ....

ADVICE AND WISHES FOR THE GRADUATE

Be prepared to……………………………………………………………………………………………

……

Always keep……………………………………………………………………………………………

……

Focus on…………………………………………………………………………………………………

never………………………………………………………………………………………………………

Always remember………………………………………………………………………………………

……

Be open to………………………………………………………………………………………………

Surround yourself with………………………………………………………………………………

I wish you………………………………………………………………………………………………

……

(one last thing)…………………………………………………………………………………………

BEST WISHES …………………………………………………………

ADVICE AND WISHES FOR THE GRADUATE

Be prepared to……………………………………………………………………
…………………………………………………………………………………
Always keep………………………………………………………………………
…………………………………………………………………………………
Focus on…………………………………………………………………………
never………………………………………………………………………………
Always remember…………………………………………………………………
…………………………………………………………………………………
Be open to…………………………………………………………………………
Surround yourself with……………………………………………………………
I wish you…………………………………………………………………………
…………………………………………………………………………………
(one last thing)……………………………………………………………………

BEST WISHES ……………………………………………

ADVICE AND WISHES FOR THE GRADUATE

Be prepared to..
....

Always keep...
....

Focus on..

never..

Always remember..
....

Be open to...

Surround yourself with...

I wish you..
....

(one last thing)..

BEST WISHES ....

ADVICE AND WISHES FOR THE GRADUATE

Be prepared to..

....

Always keep...

....

Focus on..

never...

Always remember...

....

Be open to...

Surround yourself with...

I wish you..

....

(one last thing)..

BEST WISHES ....

ADVICE AND WISHES FOR THE GRADUATE

Be prepared to..
....

Always keep..
....

Focus on..
never..
Always remember...
....

Be open to...
Surround yourself with..
I wish you..
....
(one last thing)...

BEST WISHES ....

ADVICE AND WISHES FOR THE GRADUATE

Be prepared to……………………………………………………………………………………
………………………………………………………………………………………………………
Always keep………………………………………………………………………………………
………………………………………………………………………………………………………
Focus on……………………………………………………………………………………………
never………………………………………………………………………………………………
Always remember…………………………………………………………………………………
………………………………………………………………………………………………………
Be open to…………………………………………………………………………………………
Surround yourself with…………………………………………………………………………
I wish you…………………………………………………………………………………………
………………………………………………………………………………………………………
(one last thing)……………………………………………………………………………………

BEST WISHES ………………………………………………

ADVICE AND WISHES FOR THE GRADUATE

Be prepared to………………………………………………………………………………………
………………………………………………………………………………………………………

Always keep………………………………………………………………………………………
………………………………………………………………………………………………………

Focus on……………………………………………………………………………………………
never…………………………………………………………………………………………………
Always remember……………………………………………………………………………………
………………………………………………………………………………………………………

Be open to……………………………………………………………………………………………
Surround yourself with………………………………………………………………………………
I wish you……………………………………………………………………………………………
………………………………………………………………………………………………………
(one last thing)………………………………………………………………………………………

BEST WISHES …………………………………………

ADVICE AND WISHES FOR THE GRADUATE

Be prepared to..

....

Always keep..

....

Focus on..

never..

Always remember..

....

Be open to..

Surround yourself with..

I wish you..

....

(one last thing)..

BEST WISHES ....

ADVICE AND WISHES FOR THE GRADUATE

Be prepared to..

....

Always keep..

....

Focus on...

never...

Always remember..

....

Be open to..

Surround yourself with..

I wish you...

....

(one last thing)...

BEST WISHES ○○○○○○○○○○○○○○○○○○○○○○○○○○○○○○○○○○

ADVICE AND WISHES FOR THE GRADUATE

Be prepared to..
....
Always keep..
....
Focus on..
never..
Always remember..
....
Be open to...
Surround yourself with..
I wish you...
....
(one last thing)..

BEST WISHES ....

ADVICE AND WISHES FOR THE GRADUATE

Be prepared to………………………………………………………………………………………
………………………………………………………………………………………………………
Always keep………………………………………………………………………………………
………………………………………………………………………………………………………
Focus on……………………………………………………………………………………………
never…………………………………………………………………………………………………
Always remember…………………………………………………………………………………
………………………………………………………………………………………………………
Be open to…………………………………………………………………………………………
Surround yourself with……………………………………………………………………………
I wish you…………………………………………………………………………………………
………………………………………………………………………………………………………
(one last thing)……………………………………………………………………………………

BEST WISHES ……………………………………………

ADVICE AND WISHES FOR THE GRADUATE

Be prepared to..

....

Always keep..

....

Focus on...

never..

Always remember..

....

Be open to..

Surround yourself with...

I wish you..

....

(one last thing)..

BEST WISHES ○○○○○○○○○○○○○○○○○○○○○○○○○○○○○○○○○○○

ADVICE AND WISHES FOR THE GRADUATE

Be prepared to..
....

Always keep..
....

Focus on...
Never..
Always remember..
....

Be open to...
Surround yourself with...
I wish you...
....
(One last thing)...

BEST WISHES ....

ADVICE AND WISHES FOR THE GRADUATE

Be prepared to……………………………………………………………………………………………
……
Always keep………………………………………………………………………………………………
……
Focus on……………………………………………………………………………………………………
never……
Always remember………………………………………………………………………………………
……
Be open to…………………………………………………………………………………………………
Surround yourself with………………………………………………………………………………
I wish you…………………………………………………………………………………………………
……
(one last thing)…………………………………………………………………………………………

BEST WISHES ○○○○○○○○○○○○○○○○○○○○○○○○○○○○○○○○○○○○○

ADVICE AND WISHES FOR THE GRADUATE

Be prepared to..

....

Always keep...

....

Focus on...

never..

Always remember..

....

Be open to..

Surround yourself with...

I wish you...

....

(one last thing)...

BEST WISHES ....

ADVICE AND WISHES FOR THE GRADUATE

Be prepared to..

....

Always keep...

....

Focus on..

never..

Always remember..

....

Be open to...

Surround yourself with...

I wish you..

....

(one last thing)...

BEST WISHES ○○○○○○○○○○○○○○○○○○○○○○○○○○○○

ADVICE AND WISHES FOR THE GRADUATE

Be prepared to..
....

Always keep..
....

Focus on..
never...
Always remember...
....

Be open to..
Surround yourself with...
I wish you...
....
(one last thing)..

BEST WISHES ∘∘∘∘∘∘∘∘∘∘∘∘∘∘∘∘∘∘∘∘∘∘∘∘∘∘∘∘∘∘∘∘

ADVICE AND WISHES FOR THE GRADUATE

Be prepared to……………………………………………………………………………………
………………………………………………………………………………………………………

Always keep……………………………………………………………………………………….
………………………………………………………………………………………………………

Focus on……………………………………………………………………………………………
never………………………………………………………………………………………………..
Always remember…………………………………………………………………………………
………………………………………………………………………………………………………

Be open to…………………………………………………………………………………………
Surround yourself with……………………………………………………………………………
I wish you………………………………………………………………………………………….
………………………………………………………………………………………………………
(one last thing)……………………………………………………………………………………

BEST WISHES ……………………………………………………

ADVICE AND WISHES FOR THE GRADUATE

Be prepared to……………………………………………………………………………

………………………………………………………………………………………………

Always keep…………………………………………………………………………………

………………………………………………………………………………………………

Focus on……………………………………………………………………………………

never………………………………………………………………………………………

Always remember……………………………………………………………………………

………………………………………………………………………………………………

Be open to…………………………………………………………………………………

Surround yourself with………………………………………………………………………

I wish you…………………………………………………………………………………

………………………………………………………………………………………………

(one last thing)……………………………………………………………………………

BEST WISHES ……………………………………………………………

ADVICE AND WISHES FOR THE GRADUATE

Be prepared to..
....
Always keep...
....
Focus on..
Never..
Always remember..
....
Be open to...
Surround yourself with...
I wish you..
....
(one last thing)...

BEST WISHES ....

ADVICE AND WISHES FOR THE GRADUATE

Be prepared to……………………………………………………………………………………
………………………………………………………………………………………………………

Always keep……………………………………………………………………………………….
………………………………………………………………………………………………………

Focus on……………………………………………………………………………………………

Never………………………………………………………………………………………………..

Always remember………………………………………………………………………………..
………………………………………………………………………………………………………

Be open to………………………………………………………………………………………….

Surround yourself with………………………………………………………………………….

I wish you…………………………………………………………………………………………..
………………………………………………………………………………………………………

(One last thing)…………………………………………………………………………………..

BEST WISHES ……………………………………………………………

ADVICE AND WISHES FOR THE GRADUATE

Be prepared to………………………………………………………………………
………………………………………………………………………………………
Always keep………………………………………………………………………
………………………………………………………………………………………
Focus on……………………………………………………………………………
never………………………………………………………………………………
Always remember…………………………………………………………………
………………………………………………………………………………………
Be open to…………………………………………………………………………
Surround yourself with……………………………………………………………
I wish you…………………………………………………………………………
………………………………………………………………………………………
(one last thing)……………………………………………………………………

BEST WISHES ∘∘

ADVICE AND WISHES FOR THE GRADUATE

Be prepared to..

....

Always keep...

....

Focus on..

never...

Always remember...

....

Be open to..

Surround yourself with..

I wish you..

....

(one last thing)...

BEST WISHES ....

ADVICE AND WISHES FOR THE GRADUATE

Be prepared to……………………………………………………………………………………
………………………………………………………………………………………………………

Always keep……………………………………………………………………………………….
………………………………………………………………………………………………………

Focus on……………………………………………………………………………………………
never…………………………………………………………………………………………………
Always remember…………………………………………………………………………………
………………………………………………………………………………………………………

Be open to…………………………………………………………………………………………
Surround yourself with……………………………………………………………………………
I wish you…………………………………………………………………………………………..
………………………………………………………………………………………………………
(one last thing)……………………………………………………………………………………

BEST WISHES ○○○○○○○○○○○○○○○○○○○○○○○○○○○○○○○○○○○○○○

Made in the USA
Coppell, TX
17 May 2022